39

W0206774

Mireille Minguez

LES CANARIS

Races - Elevage - Alimentation - Soins

EDITIONS DE VECCHI S.A.
20, rue de la Trémoille
75008 PARIS

Traduction de Marc Beraza

© 1988 Editions De Vecchi S.A. - Paris
Imprimé en Italie

La loi du 11 mars 1957 n'autorisant, aux termes des alinéas 2 et 3 de l'article 41, d'une part, que les « copies ou reproductions strictement réservées à l'usage privé du copiste et non destinées à une utilisation collective » et, d'autre part, que les analyses et les courtes citations dans un but d'exemple et d'illustration, « toute représentation ou reproduction intégrale, ou partielle, faite sans le consentement de l'auteur ou de ses ayants droit ou ayants cause est illicite » (alinéa 1er de l'article 40).

Cette représentation ou reproduction, par quelque procédé que ce soit, constituerait donc une contrefaçon sanctionnée par les articles 425 et suivants du Code Pénal.

SOMMAIRE

LES ORIGINES

Le *Serinus canarius* est originaire des îles Canaries et on y signalait son existence dès le XVe siècle. Le canari sauvage avait un aspect différent de celui du canari actuel, ses plumes étaient de couleur vert foncé avec des taches grises et jaunâtres mais, au fil du temps et à cause d'une mutation dans les élevages européens, l'apparence de cet oiseau a changé et son plumage se caractérise actuellement par sa couleur jaune.

Cet oiseau était à la mode dans les cercles de l'aristocratie espagnole du XVe siècle, comme l'attestent de nombreux tableaux de l'époque.

Au milieu du XVIe siècle, on commence à rencontrer le canari en Europe, l'Italie étant un des premiers pays à s'adonner à l'élevage de ces petits oiseaux. L'Allemagne devient ensuite le plus important centre de production de ces animaux, plus particulièrement Nuremberg, ville où les soins et l'élevage des canaris eurent une grande importance.

Actuellement, toutes les variétés connues de canaris sont issues des canaris sauvages originaires des îles Canaries. Presque six siècles d'élevage, de soins et de sélections ont donc été nécessaires pour que les canaris jouissent de nos jours d'un grand prestige parmi les oiseaux domestiques.

Le peu d'activité d'un canari et ses plumes ébouriffées sont un signe évident de mauvaise santé.

Toutes les variétés de canaris connues sont issues des canaris sauvages des îles Canaries.

LES CARACTERISTIQUES MORPHOLOGIQUES

Il s'avère très important de connaître les caractéristiques morphologiques du canari, elles nous aideront à approfondir son anatomie et nous serviront, le cas échéant, à prévenir certaines maladies ainsi qu'à les guérir.

Longueur: l'oiseau doit mesurer entre 12 et 14 cm.

Tête: elle est bien proportionnée par rapport au corps.

Yeux: ils sont vifs et symétriques par rapport au bec, au front et à la nuque.

Bec: il est grisâtre comme les pattes. Court et robuste, il est approprié pour écraser les semences et les graines.

Ailes: elles sont compactes et résistantes. Leur couleur est plus foncée chez le mâle que chez la femelle et leur ton varie selon les races.

Pattes: de couleur grisâtre, elles sont agiles et les doigts préhensiles, le premier, le second et le troisième se différenciant du quatrième qui est dirigé vers l'arrière.

Queue: elle est fourchue et plus foncée que le plumage du reste du corps.

Plumage: brillant et vif, sa couleur varie selon les types.

Variétés de canaris

Suite aux nombreuses sélections, élevages et soins qui ont été menés au cours des siècles, il existe plusieurs variétés de canaris qui se distinguent très bien entre elles.

Les canaris de *couleur* se caractérisent par les tons de leur plumage.

D'autres canaris se distinguent par la *forme* et la *taille* de leur corps mais aussi celles des ailes.

Sur cette photo on peut apprécier la technique du canari pour s'accrocher à une branche.

Canari du Mozambique mangeant une pomme.

Les canaris *chanteurs*, comme leur nom l'indique, ont des propriétés de chanteurs; naturellement nous faisons référence aux canaris mâles, les femelles ne chantant pas.

A chaque groupe appartient une série des races actuellement admises et reconnues officiellement.

Canaris de couleur		Saxon
		Canari rouge ou canari smet
Canaris de forme et d'aspect	Canaris frisés	Hollandais du Nord
		Parisien
		Hollandais du Sud
		Gibber italicus
		Milanais
		Padouan
	Canaris anglais	Lizard
		Norwich
		Crest
		Yorkshire
		Border Fancy
		Fife Fancy
		Gloster
		Scotch Fancy
		Lancashire
		London
		Bossu belge
		Bernois
Canaris chanteurs		Harzer
		Malinois
		Canari Fiume

Canari orangé en position de chant.

Contemplation patiente. Les éternels ennemis se tolèrent.

Nous voyons donc que les différentes races de canaris se classent selon leur couleur, leur aspect, leur forme et leur chant. Nous devons cependant signaler qu'il existe d'autres races de canaris que nous n'avons pas jugé opportun de présenter car elles sont peu répandues: leurs caractéristiques sont peu précises et ne présentent pas d'intérêt particulier.

Il existe des associations de caractère national et international pour chaque race de canari, leur but étant de sélectionner les sujets présentant les meilleures caractéristiques dans leur propre race.

Un particulier ou un éleveur désirant présenter ses canaris à une compétition devra les inscrire dans l'association qui correspond à leur race et suivre le règlement imposé par celle-ci.

La plupart des races de couleur sont originaires d'Allemagne, de Hollande et de Belgique.

Ces races ont été obtenues, comme nous l'avons dit précédemment, grâce à une sélection rigoureuse, et elles se différencient aujourd'hui du canari primitif. Bien les connaître nous aidera au moment d'acquérir un canari: la grande variété de canaris existant sur le marché peut parfois nous embarrasser dans notre choix.

L'ACQUISITION

L'acquisition d'un canari revêt diverses particularités étant donné la variété des races domestiques existantes et l'infinité de leurs couleurs, formes et types.

Avant d'acheter un canari, il faut tenir compte de plusieurs critères, tout d'abord de l'état de santé et de l'aspect du plumage. Voyons maintenant quels sont les aspects fondamentaux que doit réunir un canari pour que l'on puisse l'acheter sans risque.

- Le corps aura une longueur de 12 à 14 cm environ.
- Les plumes devront être collées au corps et brillantes.
- Les yeux seront vifs et expressifs.
- Les pattes de couleur rose seront agiles et élastiques.
- Les mouvements de l'oiseau seront nerveux et vifs.

Il est important que l'oiseau réunisse toutes ces conditions. Dans le cas contraire, si l'oiseau se cache la tête sous l'aile, si ses mouvements sont paresseux et lents, s'il est apathique et indifférent, il est évident que l'oiseau est malade ou d'une santé précaire.

La période de l'année propice à l'achat d'un canari est celle comprise entre les mois de novembre et mars car l'oiseau a déjà mué et se trouve de nouveau en pleine période de chant.

Il faut aussi savoir distinguer, à un certain moment, si l'oiseau est un mâle ou une femelle, car comme nous l'avons

Jeune canari dans une volière.

Canari du Mozambique. En haut, on peut voir le morceau de craie qui est sa source de calcium.

déjà signalé dans le chapitre précédent, les femelles ne chantent pas, c'est-à-dire qu'elles n'émettent que des sons légers n'ayant rien à voir avec ceux que peut émettre le mâle.

D'autre part, la structure corporelle de la femelle est plus réduite et moins vigoureuse que celle du mâle. Pour distinguer le sexe des oiseaux, l'époque appropriée est celle de l'accouplement car on peut alors vérifier facilement que l'orifice anal du mâle est allongé, alors que celui de la femelle est aplati, gonflé et chaud.

Magnifique exemplaire de canari tacheté.

Une fois la race et le sexe bien définis, se pose la question du lieu d'achat. Il y a deux types de fournisseurs: le magasin spécialisé et l'éleveur.

Lors de l'achat d'un canari dans un magasin spécialisé, il convient de s'assurer que l'animal est en bonne santé. On peut aussi acheter des oiseaux dans un élevage: l'éleveur connaissant bien ses oiseaux pourra donner des informations sur le spécimen que l'on veut acheter.

Plus haut ont été décrites les différentes races rencontrées actuellement sur le marché; mais, il faut aussi tenir compte des difficultés d'élevage et d'entretien. C'est pourquoi nous présentons à la suite, quelques-unes des races correspondant le mieux aux exigences que l'on peut avoir envers un oiseau.

Les canaris de compagnie sont le Saxon, le Canari rouge, le Lizard, le Border Fancy, le Gloster, le Fife Fancy ainsi que le Canari chanteur de la race Harzer. Il existe cependant d'autres types de canaris qui, eux, sont plus indiqués pour l'ornement. Ce sont les frisés, qui se caractérisent, entre autres choses, par la belle couleur de leur plumage, tels les Yorkshire, les Norwich et les Crested. De toute façon, qu'ils soient chanteurs ou d'ornement, les canaris sont d'une excellente compagnie car, aimant la compagnie eux-mêmes, ils procurent joie et vivacité dans une ambiance heureuse à tout leur entourage.

LA CAGE ET LA VOLIERE

L'endroit où habite le canari est une des modalités fondamentales pour qu'il jouisse de bonnes conditions de vie. Un des principaux éléments est l'espace: la cage ou la volière doit être suffisamment grande, et d'entretien facile. Dans de telles conditions, les canaris seront contents, ils seront moins exposés à d'éventuelles maladies tout en se développant de façon satisfaisante. Au contraire, si les oiseaux se trouvent dans un espace trop réduit, ils auront une croissance déficiente, ne chanteront pas et seront plus démunis face à toutes les maladies.

Avant d'expliquer en détail quelles sont les cages et les volières adaptées pour héberger ce genre d'oiseaux, nous exposerons les conditions de base pour que le canari se trouve dans une ambiance adéquate et satisfaisante. Voyons quelles sont ces exigences.

- Les canaris ne seront pas exposés aux courants d'air ni aux brusques changements de température.
- Le local ne devra pas être humide, le taux d'humidité devant osciller entre 60 et 80%.
- Le local sera aéré quotidiennement.
- On ne placera jamais une cage dans la cuisine, car les émanations de gaz sont très néfastes pour ces oiseaux.
- En hiver, une température de 15°C convient parfaitement aux canaris.
- La cage se situera dans un endroit de la maison qui, outre les conditions exposées auparavant, sera gai et très habité, car ces oiseaux aiment la compagnie, la solitude les rend tristes, apathiques et peut même être cause de leur mort.
- La pièce sera en outre lumineuse, et à aucun moment sombre ou difficilement accessible à la lumière naturelle.

Ces conditions sont fondamentales pour que l'oiseau soit en bonne santé. Voyons maintenant quelles doivent être les caractéristiques des cages ou des volières.

La cage

La cage doit être grande et pratique et sa forme simple et rationnelle. On en trouve de différentes sortes sur le marché: carrées, rectangulaires, rondes, hautes, basses, larges, étroites, etc. Les cages aux formes compliquées ne sont pas très conseillées, car elles rendent plus difficiles le nettoyage. Ses mesures sont au minimum de 60 x 45 x 35.

Au choix, elle peut être en bois, métal, acier inoxydable, verre, etc. La cage en acier inoxydable est la plus recommandée, car la plus facile à nettoyer. En outre contrairement à celle en bois, elle n'héberge pas les acariens très nuisibles pour la santé de l'oiseau.

La cage a une porte au centre ou sur les côtés pour permettre l'introduction ou le retrait des différents accessoires, ou de l'oiseau lui-même lorsque cela est nécessaire. On place mangeoires et abreuvoirs sur le côté. Le fond de la cage

Le canari cohabite avec tous les types d'oiseaux de sa taille.

La période comprise entre les mois de novembre et mars est spécialement indiquée pour l'achat d'un canari.

peut être entièrement recouvert de sable, cette solution n'étant pas la meilleure, car au contact du sable, les volatiles finissent par se blesser les pattes. Il est plutôt conseillé d'y placer un papier qui absorbe la fiente des oiseaux, s'enlève aisément et donc facilite le nettoyage.

La cage est mise près d'une fenêtre à environ deux mètres de celle-ci, pour que l'animal profite de la lumière du soleil sans être exposé directement à ses rayons. Le local doit bien entendu réunir les conditions exposées antérieurement.

La volière

La volière étant destinée à héberger de nombreux oisillons, elle occupe un espace beaucoup plus grand que la cage. Elle peut se trouver à l'intérieur ou à l'extérieur de la maison.

La volière d'intérieur doit être disposée dans un grand espace, c'est-à-dire dans un local ou pièce vaste. Celle d'extérieur peut être installée dans un jardin, mais toujours dans un endroit abrité des courants d'air.

Les mesures convenant à l'installation d'une bonne volière sont les suivantes: hauteur 2,70 m, longueur 3,50 m, largeur 2,60 m. Ces mesures conviennent à une volière contenant environ vingt oiseaux, soit dix couples.

Les matériaux utilisés peuvent être le bois ou le métal; ce dernier est pourtant préférable car, comme précisé plus haut, le bois peut abriter des acariens ou autres insectes et parasites préjudiciables à la santé des oiseaux.

La volière comporte un grillage métallique reposant sur des piliers (en bois ou en métal). A l'intérieur, les oiseaux doivent disposer d'un vaste espace libre et d'un refuge pour s'abriter durant les nuits froides ou les chaudes journées d'été. Le refuge, d'environ deux mètres carrés, sert à la protection des canaris et est le seul espace couvert dont ils disposent.

La volière a une porte par laquelle peut passer la personne chargée de la nettoyer et de porter les aliments aux animaux chaque jour. Cette personne doit toujours remplir ces tâches à la même heure pour que les canaris s'habituent à sa présence et ne s'effraient pas chaque fois qu'elle pénètre dans la volière.

Renouvellement de la nourriture de la volière par un ventail latéral.

On trouve actuellement de nombreuses variétés de volières: préfabriquées, démontables et très pratiques, mais toutes généralement d'un prix élevé. Il est possible de construire la volière soi-même ou avec l'aide de quelques amis, son installation ne présentant aucune difficulté particulière.

Le sol de la volière est généralement en ciment, ce matériau étant beaucoup plus facile à nettoyer que l'herbe, la terre ou la brique. Afin que les oiseaux se sentent véritablement à l'aise, on dispose quelques branches pour qu'ils puissent se poser et un récipient plein d'eau pour qu'ils puissent s'ébrouer pendant les périodes chaudes de l'année, etc. Toutes ces conditions font que les oiseaux, bien qu'ils soient enfermés, ont l'impression d'être en pleine nature ou tout au moins ne sont pas obsédés par leur captivité.

Les volières installées à l'air libre ne doivent présenter aucune fissure, celles-ci pouvant s'avérer dangereuses pour les oiseaux car des insectes, des parasites, ou certains animaux comme les rats peuvent s'introduire par ces fissures et provoquer de graves infections, voire causer la mort des oiseaux. Il convient donc de surveiller régulièrement la parfaite herméticité de la volière.

Les accessoires

On trouve actuellement divers types d'accessoires sur le marché. Cependant, seuls quelques-uns sont indispensables pour que l'oiseau se sente à l'aise. Les cages comme les volières doivent être munies de perchoirs en bois ou en plastique et de forme ronde ou ovale suffisamment larges pour que les oiseaux puissent y poser leurs pattes avec commodité. La taille idéale est celle qui permet à l'oiseau d'accrocher l'ongle de son doigt postérieur sans que celui-ci touche ses doigts antérieurs: il évitera ainsi d'être blessé par le frottement de ses doigts.

Il est préférable que les abreuvoirs et les mangeoires soient accrochés à l'extérieur; ainsi les oiseaux ne les saliront pas avec leurs excréments, ce qui arrive fréquemment lorsqu'ils se trouvent à l'intérieur. Ces récipients sont au choix en plastique, en céramique ou en verre.

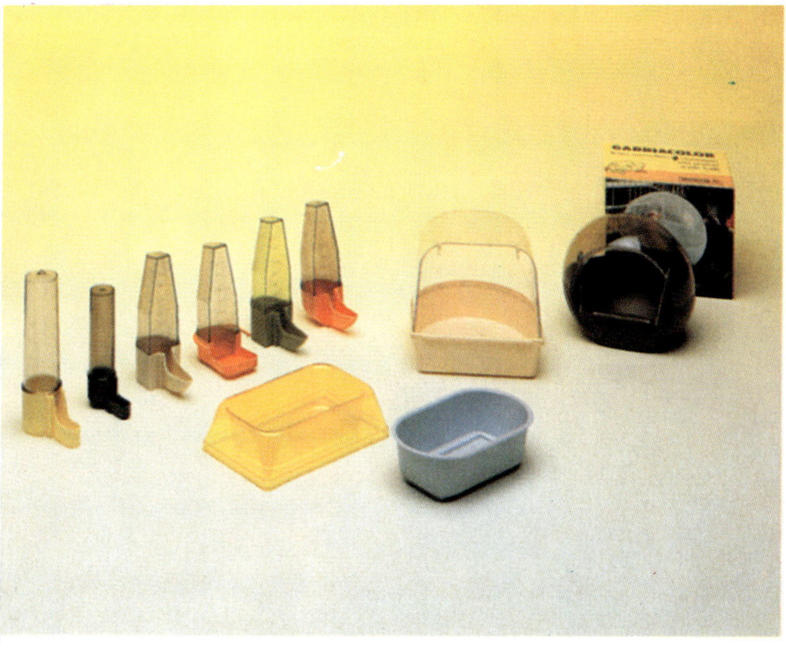

Comment fixer les accessoires.

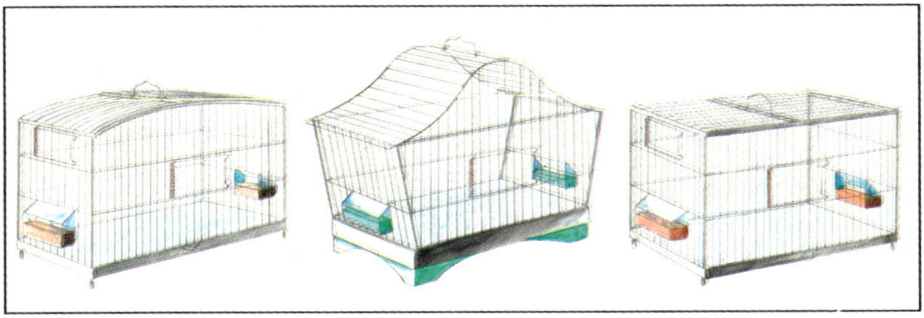

Différents types de cages.

D'autre part, les supports utilisés comme nids peuvent être en fer, en zinc ou en plastique et s'accrochent dans la cage avec un support spécial quand les oiseaux entrent dans la période de reproduction.

L'autre accessoire indispensable est le récipient faisant office de baignoire; les oiseaux peuvent s'y baigner pendant les périodes les plus chaudes de l'année. Dans la mesure du possible, on fixe la baignoire à l'extérieur. En ce qui concerne la volière, tous les autres accessoires s'installent à l'intérieur et sont nettoyés quotidiennement.

D'autres accessoires, s'ils ne sont pas réellement utiles, peuvent rendre la vie de l'oiseau plus agréable:

Baignoires pour les oiseaux d'une volière (avec une pierre à l'intérieur pour éviter qu'elles ne se renversent).

- un récipient pour biscuits;
- un récipient rempli de sable dans lequel les oiseaux peuvent aller de temps en temps;
- un récipient pour les légumes;
- des pinces pour tenir les fruits;
- des pinces pour accrocher de petites branches vertes.

Nous avons donc exposé les conditions les plus favorables au bien-être des canaris et décrit les cages et les volières où ils vivent.

L'hébergement est en effet un élément très important dont on doit toujours tenir compte au moment d'acheter un canari ou tout autre oiseau. Si, après son acquisition, un canari ne peut jouir d'une bonne ambiance, de conditions atmosphériques adaptées, d'hygiène, et si son habitat ne réunit pas les conditions exposées antérieurement, il est alors conseillé de ne pas l'acheter. En fait, c'est l'acheteur qui doit se soumettre aux conditions requises par l'oiseau.

Ce n'est qu'après avoir étudié les conditions de l'hébergement que l'on saura si l'on désire ou non acheter un oiseau et, si on l'acquiert, on fera tout ce qu'il faudra pour que celui-ci se sente à l'aise et jouisse de la meilleure santé possible.

Le canari nécessite des soins constants de la part de son maître; il se sent ainsi protégé, surveillé et entouré de toute la tendresse et l'attention dont il a besoin pour être parfaitement bien et offrir lui-même une compagnie agréable.

Avant l'acquisition d'un canari, il faut tenir compte de sa santé et de l'état de son plumage.

Pour distinguer le sexe des oiseaux, l'époque de l'accouplement sera la plus adaptée.

L'ALIMENTATION

Les oiseaux qui vivent en captivité doivent être nourris par leur maître, à la différence de ceux qui, vivant en liberté, s'alimentent eux-mêmes. Le maître doit par conséquent savoir quels sont les aliments les plus indiqués et les plus bénéfiques pour leur santé car c'est réellement un aspect très important pour la bonne santé de l'oiseau et pour le développement satisfaisant de son organisme.

Les graines

La nourriture de base est constituée par les graines, qui doivent être accompagnées de substances végétales fraîches (fruits et légumes), mais aussi de sels minéraux et d'une certaine dose de vitamines pour renforcer l'organisme de l'oiseau.

On peut acheter des préparations à base de graines qui sont particulièrement adaptées pour l'alimentation des canaris dans les magasins spécialisés.

Préparation de la nourriture à introduire dans la mangeoire.

Accessoire en plastique pour la nourriture.

Bien sûr, on choisit toujours des graines fraîches et saines; voici les graines nécessaires à la préparation d'un kilo de nourriture de base:

– alpiste	500 g
– navette	200 g
– avoine décortiquée	150 g
– chicorée et laitue	50 g
– lin	70 g
– chènevis	20 g
– œillette	10 g

Mangeoire intérieure d'une volière.

Examinons maintenant les graines les plus indiquées pour l'alimentation des canaris:

- *avoine gruau:* bien que les canaris l'apprécient beaucoup, son emploi continu peut provoquer une inflammation intestinale. Elle est donc mélangée à d'autres graines;
- *millet:* c'est un aliment peu nutritif et peu apprécié des canaris. Utilisé seul, il peut affaiblir les oiseaux;
- *alpiste:* c'est l'aliment des canaris;
- *chanvre:* c'est un excitant qui stimule le chant mais aussi la couvaison et l'élevage. Une consommation excessive peut provoquer intoxications, affaiblissement et parfois même la mort;
- *cardon:* cette graine, mélangée à d'autres, est un important reconstituant pour l'organisme des canaris;
- *laitue:* nous faisons ici référence à la semence de laitue très digeste et qui régule les fonctions intestinales. Elle s'absorbe mélangée à d'autres aliments;
- *tomate:* les semences de tomate sont très bénéfiques pour les canaris; ceux-ci peuvent en absorber de 5 à 10 g tous les deux jours;
- *chicorée:* c'est un reconstituant efficace pour les oiseaux, qui stimule l'appétit et les fonctions digestives et intestinales. Elle doit cependant être mélangée à d'autres graines à cause de son fort pourcentage en graisses.

Ce canari a été abandonné depuis très peu de temps par ses parents.

La majorité des races de couleur proviennent de sélections faites en Allemagne, en Hollande et en Belgique.

Nous avons donc vu que toutes les graines ont des propriétés reconstituantes et bénéfiques pour la santé des oiseaux; cependant, en aucun cas ils ne doivent en abuser: elles leur seraient vite nuisibles.

Tenant compte de cet aspect, nous pouvons donner aux canaris la préparation à base de graines vendue dans les magasins spécialisés, ou encore une préparation maison. Voici deux exemples de mélange qui conviennent à l'alimentation des oiseaux:

alpiste	35 doses
pain noir	10 doses
millet	15 doses
lin	15 doses
avoine gruau	20 doses
chanvre	5 doses

On peut lui donner le mélange suivant dans une autre mangeoire:

laitue	35 doses
chicorée	35 doses
œillette bleue	30 doses

Cette préparation est particulièrement recommandée pour les oiseaux en période de reproduction, car ils sont alors plus faibles et ont donc besoin d'une alimentation renforcée pour pallier à leur vulnérabilité passagère.

Les légumes

Les légumes, très riches en sels minéraux, sont très indiqués pour l'alimentation des canaris. Voyons quels sont les légumes les plus recommandés.

- laitue
- chicorée
- scarole
- chou
- brocoli
- épinards
- petits pois frais
- fèves fraîches
- concombre
- tomate mûre
- carotte
- asperge

Si les légumes constituent une base de l'alimentation des canaris, ils doivent leur être donnés déjà lavés et bien égouttés afin que toute substance pesticide soit éliminée.

Nettoyage méticuleux des légumes pour les oiseaux.

Les fruits

Les fruits sont eux aussi tout à fait conseillés pour enrichir l'alimentation des canaris.

– pommes	– prunes
– poires	– raisin
– cerises	– figues
– oranges	– fraises
– mandarines	– melon
– bananes	– noix de coco
– abricots	– mûres

Evidemment, si tous ces fruits sont les préférés de la majorité des canaris, certains peuvent en apprécier d'autres. En effet, ils aiment aussi les fruits secs, par exemple les figues, les pruneaux, les raisins secs, les pignons (ces derniers leur seront donnés à petite dose).

En plus de tous ces aliments, il faut leur donner, de temps en temps, du biscuit à l'œuf que l'on trouve dans les magasins spécialisés. Ces biscuits ne doivent pas contenir d'additifs chimiques ni de conservateurs ni même de colorants. Sont aussi recommandés l'os de seiche et les sels minéraux vendus également dans les magasins spécialisés.

L'eau

L'eau que boivent les canaris ne doit pas contenir de chlore; il est donc conseillé à ceux qui vivent en ville d'utiliser un filtre pour la purifier ou de donner de l'eau minérale plate.

On peut ajouter de temps en temps à l'eau certaines substances bénéfiques pour la santé des oiseaux. On les additionnera séparément et de façon alternée en doses de 5 g par litre. Parmi ces substances, nous mentionnerons le jus de citron qui est un désinfectant facilitant la digestion et d'un grand apport en vitamines; le bicarbonate de soude, parfait régulateur des fonctions digestives; et l'ail, excellent désinfectant pour les voies respiratoires.

Tableau des aliments

Le tableau ci-dessous sera une aide précieuse pour tous ceux qui sont chargés de nourrir les oiseaux.

Aliments	*Eau* %	*Hydrates de carbone* %	*Graisses* %	*Sels minéraux* %	*Protéines* %
Avoine	7	70	7	2	12
Biscuit	8	65	10	1	11
Chènevis	10	26	29	6	15
Carotte	85	10	1	1	1
Colza	8	22	43	4	21
Gâteaux secs	8	65	10	1	11
Laitue	94	2	1	1	1
Lin	10	20	35	4	21
Pomme	85	10	—	1	1
Mil	12	56	5	3	14
Pain blanc	35	52	2	2	7
Pain noir	30	55	2	2	7
Millet	12	56	5	3	14
Chou	8	22	43	4	21
Alpiste	15	50	5	8	15
Œuf (blanc)	88	—	0,20	0,5	9
Œuf (jaune)	48	—	32	2	16

Façon de retirer le plateau inférieur pour le nettoyer.

Quand un canari est effrayé, ses plumes restent collées au corps.

L'alimentation pendant la reproduction

Il est nécessaire de donner une plus grande quantité de nourriture aux canaris lorsqu'ils sont en période de reproduction, ainsi que des substances protéiniques d'origine animale. Celles-ci peuvent être un mélange à base de biscuit à l'œuf.

Certains éleveurs ajoutent à ce mélange d'œuf et de biscuit des sels minéraux ainsi qu'un complexe vitaminé.

Le régime alimentaire des canaris, qu'ils soient ou non en période de reproduction, sera toujours riche en substances nutritives, les aliments n'étant en aucun cas avariés. Si c'était le cas, ils risqueraient de produire des gênes digestives et même parfois de graves problèmes chez les oiseaux.

Cage d'élevage. On peut séparer le mâle grâce à la paroi métallique.

Un canari de couleur.

L'HYGIENE

Pour se sentir à l'aise, les canaris doivent vivre dans un environnement propre. Le nettoyage s'effectue donc chaque jour. On procède ainsi: on sort d'abord les mangeoires et les abreuvoirs, puis la plaque métallique qui forme le sol de la cage; on lave ensuite le tout avec de l'eau et du savon et on sèche bien avant de réintroduire l'ensemble des accessoires dans la cage.

S'il s'agit d'une volière extérieure, on procède de la même façon, excepté pour le sol. S'il est en terre, il suffit de la sarcler en la remuant pour enterrer les résidus organiques qui sont biodégradables. Si le sol de la volière est en ciment, il suffit d'éliminer la couche protectrice composée de feuilles sèches, de sable, d'herbe, etc.

Comment retirer le fond en plastique de la cage sans que l'oiseau ne s'échappe.

En ce qui concerne les mangeoires et les abreuvoirs, ils sont lavés quotidiennement lors du renouvellement de la nourriture et de l'eau. Une ou deux fois par an, on nettoie la cage ou la volière à fond: on retire tout ce qui se trouve à l'intérieur, on récure, puis on applique une solution désinfectante (que l'on trouve dans les magasins spécialisés). On peut aussi appliquer des insecticides afin de prévenir une éventuelle invasion de parasites.

De la même façon, on effectue le nettoyage des locaux ou pièces où vivent les oiseaux. Rappelons que ces locaux doivent être pourvus d'une bonne ventilation et ne pas être humides.

Les canaris sont plus facilement exposés aux acarioses pendant la période de reproduction et nécessitent donc des soins plus attentifs. On désinfecte donc les nids avec une solution vendue dans les magasins spécialisés, on attend qu'ils soient secs et perdent l'odeur de la solution avant de remettre les oiseaux dans la cage ou la volière.

Le bain

Les canaris aiment s'occuper de leur toilette. A cet effet, on place dans la cage ou la volière un récipient servant de baignoire: les oiseaux pourront s'y tremper chaque fois qu'ils le désireront, surtout durant les périodes les plus chaudes de l'année. Certains canaris préfèrent effectuer leur toilette quotidienne en se frottant sur le sol, sur des feuilles humides ou sur l'herbe. Pour cela, on leur aménage dans la volière une petite aire couverte d'herbe où ils pourront se rouler. S'il s'agit d'une cage, on accroche seulement une petite branche verte, mouillée et égouttée.

Les oiseaux n'aiment pas l'eau et ne se lavent jamais; il faut donc les asperger, au moins deux fois par semaine, avec de l'eau. On évite aussi aux oiseaux d'attraper froid: un refroidissement peut les faire souffrir, voire mourir. Après ce bain forcé, on place la cage au soleil et à l'abri des courants d'air.

Les canaris sont, en règle générale, des oiseaux très propres mais l'hygiène et les soins sont indispensables pour leur conserver une bonne santé. Il faut aussi, au moins une fois par an, peindre les cages ou les volières afin de les conserver en bon état. On n'utilise en aucun cas de peintures toxiques contenant des substances comme le plomb: celles-ci nuiraient à la santé des oiseaux.

Les conditions d'hygiène pour que les canaris soient bien soignés sont les suivantes.

- Nettoyer les cages et les volières chaque jour.
- Deux fois par an, désinfecter les cages et les volières avec une solution spéciale en vente dans les magasins spécialisés.
- Nettoyage des locaux où se trouvent les oiseaux.
- Les oiseaux ne doivent être exposés ni aux courants d'air ni aux brusques changements de température.
- Pendant la période de reproduction, on procède à la désinfection des nids avec des solutions spéciales en vente dans les magasins spécialisés.
- Les cages ou les volières disposent d'un petit récipient rempli d'eau pour que les oiseaux puissent s'y baigner quand ils le désirent.
- Ne pas utiliser de peintures toxiques (contenant du plomb) pour peindre les cages, mais des peintures adaptées en vente dans les magasins spécialisés.

Nous voyons donc que les conditions d'hygiène ont une grande importance dans les soins des petits canaris qui, s'ils bénéficient d'une hygiène quotidienne, seront moins exposés aux maladies et attaques des acariens. L'hygiène, mais aussi un régime équilibré sont par conséquent des conditions indispensables pour que les canaris soient pleins de vie et en bonne santé.

Un sympathique groupe de canaris.

LA REPRODUCTION

La période de reproduction commence à la mi-février ou, dans les pays au climat plus froid, à la mi-mars.

Les mâles atteignent la maturité nécessaire pour reproduire vers deux ans, et les femelles dès leur première année.

Avant de placer un couple de canaris dans une cage pour qu'ils entament la phase de fécondation, il convient d'examiner en détail leur état de santé. Si celui-ci est mauvais, il n'est pas conseillé de les laisser procréer. Par ailleurs, la mue n'est pas une période de reproduction indiquée.

Après examen de leur état de santé, on place le couple dans une cage pour que le mâle fasse sa cour à la femelle. Le mâle manifeste son désir de s'accoupler en émettant un chant fort et prolongé. Entre les deux oiseaux s'établit un dialogue aigu, un doux pépiement.

Durant toute cette période, les canaris doivent être dérangés le moins possible, la fécondation risquant d'être retardée. L'éleveur doit se limiter à leur changer l'eau et à les approvisionner en aliments.

Nid en paille qui s'adapte parfaitement à un support métallique.

L'élevage individuel

Il est indispensable que, durant toute cette période, les canaris disposent d'une cage de couvaison: c'est une cage spacieuse divisée en deux ou trois compartiments, permettant d'héberger ensuite les petits. Cette cage à séparation est utilisée non seulement pour séparer les petits des parents mais aussi, au début, la femelle du mâle, afin que celui-ci commence sa cour par des chants et des sons doux. Cette cage doit posséder de petites ouvertures permettant d'introduire les mangeoires, les abreuvoirs et le nid.

Lorsqu'un canari est très affecté par la chaleur, il respire par le bec.

L'élevage collectif

L'élevage collectif se réalise avec plusieurs couples. Pour cela, on place le même nombre de mâles et de femelles dans une volière. Chacun choisit alors son partenaire. On ne met jamais un nombre impair de mâles ou de femelles: cela entraînerait des rivalités. On installe en outre un nombre double de nids, ce qui laisse aux femelles toute liberté pour choisir celui qu'elles préfèrent. Cependant, l'élevage en volière présente certains inconvénients:

- la vie collective n'est guère propice à la tranquillité dont ont besoin les canaris, surtout en période de fécondation, de couvaison et d'élevage;
- il y a souvent des rivalités et des bagarres entre les oiseaux;
- l'éleveur ne peut contrôler les jeunes, comme dans une cage de couvaison individuelle, vu le grand nombre d'oiseaux.

Placer un seul couple dans une cage individuelle et calme est idéal pour mener à bien une reproduction. En outre la cage individuelle permet une surveillance plus attentive et un contrôle plus minutieux.

On peut suspendre le nid à l'intérieur de la cage d'élevage.

Les nids

Les nids, qui peuvent être en bois, en fer ou en plastique, sont accrochés aux petites ouvertures de la cage d'élevage. Le nid doit être concave pour que les œufs soient bien à l'abri dans le fond et pour éviter qu'ils ne tombent. Généralement la femelle fait elle-même le nid; l'éleveur place donc dans la cage des petits morceaux de coton et des fils de laine afin qu'elle entreprenne la construction du nid. Cependant, certaines femelles étant incapables de réaliser cette tâche, l'éleveur peut accrocher un nid préfabriqué aux fenêtres de la cage. On trouve actuellement sur le marché différents nids adaptés pour la couvaison des canaris, de toutes tailles et à tous prix.

Canari du Mozambique dans une cage d'élevage.

Période de couvaison et ponte des œufs

La femelle pond les œufs deux semaines après avoir été fécondée. Elle pond, en règle générale, à l'aube. Elle fait de 3 à 5 œufs, quelquefois de 2 à 6 œufs et, plus rarement, jusqu'à 9 œufs.

Dès le troisième œuf, la femelle commence à couver. Les œufs sont bleutés et tachetés de marron. La période de couvaison dure treize jours. Signalons toutefois que, si la femelle commence à couver dès le premier œuf, l'éleveur devra lui enlever ses œufs, les mettre dans une petite boîte garnie de coton à température ambiante, et les remplacer dans le nid par de faux œufs. Lorsque la femelle a pondu tous les œufs, on replace dans le nid les premiers œufs afin qu'elle commence à les couver tous ensemble et en une seule fois. Si ceci n'était pas fait, les premiers petits jouiraient d'une bonne alimentation, mais les derniers courraient le risque de grandir mal nourris. Il convient donc de surveiller la mère avec attention pendant cette période, de lui donner tous les aliments dont elle a besoin et la dose adaptée au juste moment; sinon, elle peut aller jusqu'à manger ses propres œufs.

Pose de l'abreuvoir.

Les canaris adorent faire leur toilette.

Les nouveau-nés

L'éclosion des œufs a lieu environ deux semaines après la période de couvaison. Les nouveau-nés naissent aveugles et les paupières fermées. Ils commencent à les ouvrir le cinquième ou le sixième jour, mais ne percevront la lumière que le dixième jour. Ils sont à peu près déplumés; seule la tête est coiffée de quelques plumes blanches.

La femelle se charge d'alimenter ses petits, de les nettoyer, et de leur donner chaleur et protection. La sortie du nid a lieu en général le vingt-huitième jour, lorsque les petits sont déjà complètement formés.

Nid en préparation.

Façon de tenir un canari ou tout autre oiseau de taille semblable: les pattes doivent rester coincées entre les doigts des mains.

Alimentation des nouveau-nés

Durant les premiers jours de leur vie, les nouveau-nés sont donc alimentés par la mère qui doit avoir à sa disposition, outre le mélange de graines habituel, de la pâtée d'élevage aux œufs. A partir du vingt-huitième jour approximativement, les petits peuvent enfin se séparer des parents. Cependant, avant qu'ils n'atteignent leur pleine croissance, il est fondamental de leur donner un mélange composé de biscuit, de jaune d'œuf et d'un peu de sucre, le tout passé au mixeur jusqu'à obtention d'une crème facile à digérer. On

Cage d'élevage avec une variété de perchoirs de toutes les tailles et d'accessoires (en double pour chaque partie de la cage).

Bel exemplaire de canari du Mozambique de taille légèrement inférieure à celle du canari ordinaire.

peut aussi leur donner un peu de colza, un morceau de feuille de salade écrasée et un peu d'alpiste. On leur administre ce régime jusqu'au vingt-huitième jour; on augmente ensuite la quantité en ajoutant quelques graines à la préparation ainsi que des légumes, des biscuits et un petit morceau de fruit une fois par semaine.

Le sevrage

Les petits abandonnent donc le nid aux alentours du vingt-huitième jour et commencent alors à manger seuls. Afin qu'ils s'habituent à manger des graines, on en mélange quelques-unes à leur pâte d'élevage aux œufs.

Le canari atteint sa pleine indépendance à trente-cinq jours; l'éleveur le sépare alors de ses parents en le plaçant dans une autre cage. Une fois dans sa nouvelle cage, il doit s'habituer à ce nouvel espace ainsi qu'aux mangeoires et abreuvoirs qui s'y trouvent.

Le baguage

Pour deux motifs importants, il est conseillé de baguer les canaris:
- pour différencier les oiseaux de sexes et de couvées différents, avec des bagues de couleurs différentes;
- pour que l'éleveur connaisse la date de naissance du canari et puisse ainsi le présenter à des expositions.

Ces bagues se fixent à la patte du canari de la manière suivante: on fait passer l'ensemble des doigts dans l'anneau avec le doigt postérieur tiré vers l'arrière (il se remettra ensuite dans sa position normale). Chez le mâle on passe la bague à la patte droite, et chez la femelle à la patte gauche. Généralement les données suivantes figurent sur les bagues: numéro d'inscription (si le canari a été inscrit à la Fédération nationale), date de naissance et identification de l'éleveur. Si la bague est en plastique, elle est graduable et plus facile à poser. Lorsque la bague est en aluminium, il faut la poser dès que les canaris atteignent à peine une semaine de vie, sinon le baguage risque de devenir impossible. Il est nécessaire de baguer (ou de faire baguer) son oiseau si on désire le présenter à une exposition ou à un concours.

Quelquefois les parents de l'oiseau à qui l'on a passé une bague trouvent cet objet étrange et essaient de la lui ôter au risque de le blesser. Pour éviter cela, il est recommandé d'appliquer sur la bague une substance non toxique qui atténue la brillance du métal.

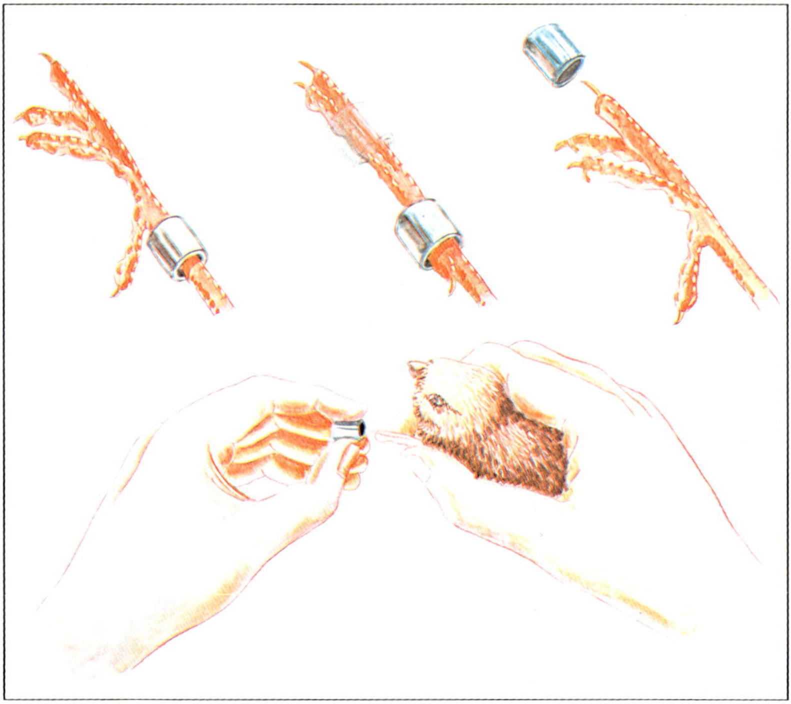

Façon correcte de réaliser le baguage.

Pour être menée à terme, la période de la reproduction demande donc des soins. Les canaris sélectionnés à cette fin doivent être surveillés et contrôlés quotidiennement et disposer des meilleures conditions de vie. Il faut donner une cage confortable à la femelle; elle y construira son nid et sera tranquille.

La cage doit être, rappelons le, placée dans un endroit où il n'y a ni humidité ni courants d'air et où elle n'est pas exposée à de brusques changements de température. Il faut aussi éviter que les enfants ne s'approchent de la cage et ne dérangent les oiseaux.

Le contenu des mangeoires et des abreuvoirs est renouvelé tous les jours, si possible à la même heure et par la même personne; la cage doit être d'une propreté irréprochable afin que la reproduction se déroule sans que les oiseaux soient exposés aux maladies ou aux infections.

LA DOMESTICATION

Les canaris sont considérés comme des oiseaux domestiques. Pour devenir tout à fait sociables, ils doivent suivre un processus de domestication leur permettant de ne craindre ni leur maître ni l'approche d'un être humain en général.

La domestication exige patience et persévérance. Si l'on ne possède pas ces deux qualités, mieux vaut ne pas s'y essayer. Elle est plus facile chez des sujets jeunes. Il est donc conseillé de domestiquer le canari dès son sevrage. La personne devant l'apprivoiser est la seule à pouvoir l'approcher. Autrement, l'animal peut devenir craintif et se sentir désorienté: le processus de domestication en serait allongé d'autant.

Le canari doit d'abord se familiariser avec son entourage et avoir confiance dans la personne qui l'apprivoise. Cette

Sable spécial qui, mélangé à l'alimentation, facilite la digestion.

Canari en train de chanter.

personne doit s'approcher de la cage tous les jours, changer le contenu des mangeoires et des abreuvoirs, et, après avoir nettoyé la cage, lui donner un morceau de feuille de salade ou un demi-pignon, tout en lui parlant à voix basse pour que l'oiseau s'habitue à sa présence et s'aperçoive qu'on ne lui veut aucun mal.

Les différentes races de canaris se classent en fonction de leur couleur, leur aspect, leur forme et leur chant.

A mesure que le canari s'habitue à la présence du dresseur, celui-ci doit essayer d'introduire le doigt dans la cage, puis progressivement la main, jusqu'à ce que l'oiseau ne s'inquiète plus et ne réagisse plus craintivement. Ces gestes doivent être répétés aussi souvent que nécessaire.

Dès que le dresseur a réussi à introduire la main et que l'oiseau n'a plus peur, il doit allonger un doigt pour que l'oiseau se pose dessus. Il faut prendre le temps nécessaire pour mener à bien cette seconde phase.

La troisième étape de l'apprivoisement sera de lâcher l'oiseau dans une pièce dont portes et fenêtres seront fermées pour éviter que l'oiseau ne s'échappe. L'oiseau découvre alors un espace bien plus grand que celui de sa cage. Pour permettre de capturer l'oiseau plus facilement s'il a peur, la pièce est dans la pénombre. On lâche alors l'oiseau et on l'appelle en lui disant "viens", d'une voix douce, pour qu'il ne s'effraie pas. Bien sûr, l'oiseau ne répond pas à l'appel les premières fois. Cela ne doit cependant ni préoccuper ni impatienter le dresseur, car l'oiseau apprend lentement. Il faut attendre et l'appeler à nouveau jusqu'à ce qu'il se pose enfin sur le doigt que le dresseur tient allongé.

Cet exercice se répète chaque jour jusqu'à ce que l'animal prenne confiance et se familiarise avec l'espace, et il arrive un moment où l'oiseau franchit cette troisième étape de façon naturelle et sans aucune crainte, en se posant sur le doigt, puis sur l'épaule du dresseur dès que celui-ci lui dit "viens".

Il ne faut jamais se décourager: patience et constance sont réellement deux qualités essentielles et nécessaires pour domestiquer des canaris. Ces oiseaux étant fragiles, on ne les touche que pour les habituer à la présence du dresseur. Le cas contraire serait préjudiciable à leur santé tant physique que psychique et entraînerait une crainte de l'homme. Les canaris domestiqués sont des amis agréables pour l'homme, ils lui procurent joie et compagnie et le réjouissent par leur présence quand il le désire.

LES MALADIES

Comme tout être vivant, les canaris sont exposés aux maladies; celles-ci peuvent être plus ou moins graves. Voici les principales maladies qui peuvent l'affecter.

Acariose

On appelle *acariose* la maladie que véhiculent certains acariens, notamment le pou rouge. Celui-ci suce le sang des oiseaux et des croûtes apparaissent sur leur corps. Il y a aussi l'*acariose respiratoire*, provoquée par l'acarien *Sternostoma tracheaculum*, qui se traduit par une respiration difficile. Les symptômes de cette maladie sont l'apathie et la somnolence: l'oiseau perd l'appétit, ne chante pas et meurt en quelques jours. Si un cas se déclare dans une volière, on isole l'oiseau affecté et on désinfecte la volière avec des

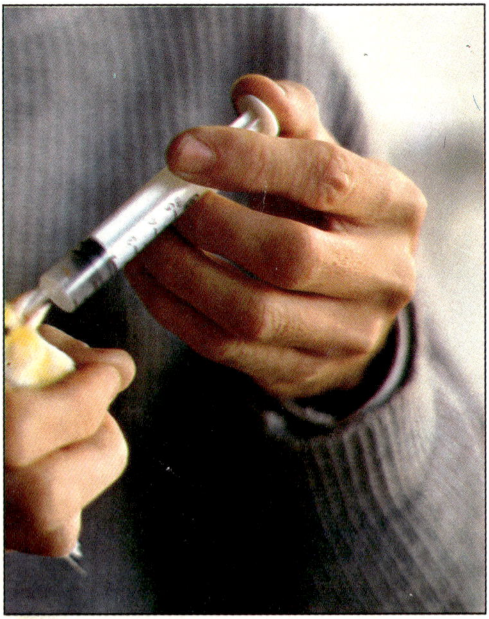

Administration d'une dose de vitamines à un oiseau malade.

Le mâle se différencie de la femelle par sa structure corporelle: la femelle est plus petite et moins vigoureuse.

Le canari requiert les soins constants de son maître; ainsi il se sent protégé et surveillé.

produits acaricides. On brûle le corps de l'oiseau mort et on enterre les cendres pou*r* éviter que la contagion ne gagne les autres oiseaux.

Anémie

C'est une maladie qui affaiblit considérablement l'animal: il somnole et perd l'appétit. Elle est souvent due à une mauvaise alimentation ou à un refroidissement mal soigné, mais elle peut aussi être le résultat d'une humidité excessive du local où se trouve l'animal. Outre les symptômes déjà décrits, l'oiseau a des frissons, et ses plumes sont ébouriffées. Pour combattre l'*anémie*, il faut soumettre l'oiseau à un régime équilibré et riche en vitamines, surtout en vitamine B et en citrate de fer, qu'on doit ajouter à l'eau de son abreuvoir.

Aspergillose

Cette maladie parasitaire est produite par un champignon microscopique que l'on trouve dans les aliments avariés, plus particulièrement dans les graines. Les principaux symptômes sont: refroidissement, respiration difficile, mucosité excessive dans le nez, état fébrile, perte d'appétit, soif et apathie. Cette maladie dure environ deux mois, et est presque toujours mortelle. Très rarement les oiseaux guérissent. C'est le vétérinaire qui détermine le traitement le mieux indiqué pour combattre l'*aspergillose*.

Asthme bronchique

Les causes de l'*asthme* sont souvent la conséquence d'une mauvaise alimentation, de brusques changements de température ou d'un refroidissement mal soigné. Les principaux symptômes sont: voix rauque, apathie, état fébrile et perte d'appétit. Pour le soigner, on administre des antibiotiques après avoir consulté un vétérinaire.

Sachet contenant les matériaux utilisés par l'oiseau pour construire son nid.

Choléra

C'est une maladie contagieuse grave et les oiseaux atteints en guérissent très rarement. Il est donc recommandé de les sacrifier pour éviter la contagion des autres. On désinfecte minutieusement la cage de l'oiseau malade ainsi que les accessoires avec des produits spéciaux. Les symptômes sont: diarrhée, apathie, plumes ébouriffées, somnolence, perte d'appétit et soif inextinguible. Quelquefois l'oiseau guérit, mais attention! il est porteur de germes infectieux et représente un danger pour les autres canaris.

Diphtérie-variole

Cette maladie se manifeste de deux façons: sous sa forme variolique, la moins grave, et sous sa forme diphtérique qui est presque toujours mortelle.

La *variole* se manifeste par l'apparition de petites plaques rouges sur certaines parties du corps, particulièrement les paupières, les oreilles, le bec et les narines. Ces plaques se transforment en croûtes qui finissent par tomber sans laisser de cicatrices. Cette maladie n'est pas mortelle.

La *diphtérie*, elle, se manifeste par l'apparition de plaques jaunâtres dans la cavité buccale et les narines. Les yeux sont enflammés et l'oiseau finit presque toujours par mourir. Il n'existe aucun traitement pour combattre cette maladie mais on peut malgré tout essayer d'enlever les plaques et désinfecter ensuite les zones affectées. Il est recommandé de faire pratiquer cette intervention par un vétérinaire. Nous devons cependant préciser que les résultats sont presque toujours nuls et les chances de guérison de l'oiseau très faibles. Généralement, on sacrifie les oiseaux atteints de diphtérie pour éviter la contagion des autres oiseaux de l'élevage. On procède ensuite à une désinfection minutieuse.

Inflammation uropygiale

Cette maladie se traduit par un gonflement de la glande uropygienne située à la base du croupion, provoqué par une alimentation trop riche. La glande de l'oiseau atteint est gonflée et secrète un liquide séreux. Le traitement adapté pour combattre cette maladie consiste en un régime équilibré, léger et une désinfection de la glande selon les indications du vétérinaire.

Dans une cage aux dimensions réduites, même utilisée pour son transport, l'animal peut se sentir angoissé.

Néphrite

La *néphrite* est due à une inflammation des reins et ses principaux symptômes sont: l'abattement, la faiblesse et l'apathie. Pour combattre la *néphrite*, on administre un régime alimentaire pauvre en protéines et en lipides, puis une solution à 5% de chloromicéthine trois fois par jour. Il est cependant recommandé de consulter un vétérinaire dès l'apparition des premiers symptômes.

Tuberculose

Causée par le bacille de Koch, elle peut se transmettre de la façon suivante: d'un oiseau à un autre, d'un homme à un oiseau ou vice versa. Elle se manifeste de façon aiguë ou chronique. Lorsqu'elle est aiguë, les symptômes sont les suivants: difficultés à ingérer les aliments, tumeurs dans la cavité buccale et inflammation oculaire. Dans le cas de la tuberculose chronique, les canaris maigrissent progressivement et respirent difficilement et ont de la diarrhée.

Selon les sujets, la maladie peut être latente ou se manifester lorsque l'oiseau est affaibli, ou encore à cause de mauvaises conditions d'hygiène. Il n'existe aucun traitement, et les possibilités de guérison sont rares. Généralement on sacrifie les oiseaux atteints de *tuberculose*, car c'est une maladie contagieuse. Les animaux sont incinérés et l'on désinfecte la cage ou la volière pour éviter la contagion des autres oiseaux.

Urémie

L'*urémie* est une intoxication due à l'accumulation d'urée dans le sang et est le résultat d'un mauvais fonctionnement des reins. Elle peut être causée par de brusques changements de température, des refroidissements, des courants d'air, etc. Les oiseaux présentent les symptômes suivants: perte d'appétit et soif inextinguible. Dans sa phase avancée, l'urémie peut provoquer la mort de l'animal. Il convient donc d'agir rapidement, dès que les symptômes apparaissent, en consultant un vétérinaire pour qu'il prescrive le traitement adapté.

Tableau des principales maladies

Maladies	*Symptômes*
Acariose	Croûtes sur le corps, respiration difficile
Anémie	Faiblesse, somnolence, perte d'appétit
Aspergillose	Refroidissement, respiration difficile, mucosité excessive dans les narines, état fébrile, inappétence, soif inextinguible, apathie
Asthme bronchique	Voix rauque, apathie, état fébrile et perte d'appétit
Choléra	Diarrhée, apathie, plumes ébouriffées, inappétence, soif excessive et somnolence
Diphtérie-variole	Forme *variolique:* apparition de plaques rouges sur les paupières, les oreilles et le bec Forme *diphtérique:* plaques jaunâtres dans la cavité buccale et les narines, inflammation des yeux
Inflammation uropygiale	Gonflement de la glande uropygienne
Néphrite	Abattement, faiblesse et apathie
Tuberculose	Forme *aiguë:* difficulté pour ingérer les aliments, tumeurs dans la cavité buccale et inflammation oculaire Forme *chronique:* amaigrissement progressif, respiration difficile et diarrhée
Urémie	Inappétence, soif excessive

Achevé d'imprimer
en avril 1989
à Milan, Italie, sur les presses
de Grafiche Milani

Dépôt légal: avril 1989
Numéro d'éditeur: 2111